W0350743

Christian Sanladerer u. a.

MASKEN

als Dekoration

Frech-Verlag Stuttgart

Die Namen der im Buch vertretenen Künstler:

Archiv E. Faber, Seite 45
Johanna Haid, Seite 13, 34
Monika Lerch, Seite 1, 37
Archiv Rayher, Seite 3, 12, (Fotos: Agentur Greiter & Partner); 46, 47
Helga Sander, Seite 11
Marianne Surkamp, Seite 48
Beate Weidinger, Seite 29, 30, 31, 43
Umschlagrückseite: Agostino Dessi, V. Faenza 72 R, 50123 Firenze
(Mit freundlicher Unterstützung der Galerie Zeitlupe, 7920 Heidenheim)
Alle anderen Masken: Christian Sanladerer

Fotos: Birgitt Gutermuth

Auflage: 10. 9. 8. | Letzte Zahlen
Jahr: 1991 90 89 88 | maßgebend

ISBN 3-7724-1142-8 · Best.-Nr. 1142

frech-verlag
GmbH + Co. Druck KG Stuttgart
Druck: Frech, Stuttgart 31

Vorwort

Für den gestalterisch und kreativ Tätigen gibt es immer wieder neue Herausforderungen. Alte Techniken werden zu neuen Hobbies. Jetzt wenden sich viele Menschen der Dekoration von Masken zu. Woran mag das liegen?

Zwei Trends treffen aufeinander:

✻ Das Herstellen von Puppen jeder Art zählt seit ein paar Jahren zu den beliebtesten musischen Hobbies. In letzter Zeit sind Clowns und Pierrots im Kommen. Bei diesen dekorativen Erwachsenen-Puppen ist das – oft klischeehafte – Bemalen des Gesichts ganz besonders wichtig.

✻ Modeschmuck, Perlen und Glimmer beherrschen die Mode. Auch das Gesicht und die Haare werden mehr oder weniger mutig „dekoriert", ganz besonders für Feste und Feiern.

Vielleicht ist so die Maske einerseits ein Teil der Puppe, andererseits ein Teil vom eigenen Ich.

Man kann Masken auf sehr unterschiedliche Weise selbst formen. In diesem Buch geht es aber in erster Linie darum, die im Fachhandel käuflichen Kunststoff- oder Porzellanmasken so zu bemalen, zu dekorieren und zu verändern, daß ansprechende Dekorationsstücke entstehen.

Natürlich haben diese Masken kaum noch etwas mit den Kultmasken fremder Völker oder mit den Masken der alemannischen und schwäbischen Fasnacht zu tun. Aber es ist doch interessant, kurz auf die Bedeutung der Masken in den verschiedenen Kulturen und Zeiten einzugehen.

Was ist eine Maske?

Das Ursprungswort maschera taucht erstmalig im Italienischen des 16. Jahrhunderts auf. Es ist offenbar aus dem arabischen mashara abgeleitet, das „Possenreißer“ oder „Spaßmacher“ bedeutet. Hiermit ist freilich nur die eine Seite dessen angesprochen, was die Maske kulturhistorisch bedeutet.

Die Maske ist eine oft groteske, künstliche Gesichtsform, die über das Gesicht gezogen wird, um sich „hinter der Maske zu verbergen“ oder um sich die Ausstrahlung und Kraft dessen anzueignen, den die Maske darstellt. Als Material für die Form wurde und wird z. B. Baumrinde, Bast, Leder, Stoff, Pappe, Holz oder Metall verwendet.

Masken gehören zu den frühesten Zeugnissen der Kultur. Sie kommen mit eigenen Formen zu allen Zeiten und in allen Erdteilen vor. Schon das Bemalen des Gesichts, zum Teil verbunden mit dem Aufkleben von Federn, diente dem gleichen Zweck. Es ist praktisch eine Vorform der Maske.

Das Verlieren des Ichs und der eigenen Gestalt ist für jeden ekstatischen Tanzzauber und seine Wirkung entscheidend. Im primitiven Ahnen-, Dämonen-, Tier- und Fruchtbarkeitskult ist die Tanzmaske, mit oder ohne Verkleidung des Körpers, selbstverständlich. Auch im Kult hochzuvilisierter Völker ist das „nackte Gesicht“ oft unstatthaft (z. B. China, Japan, Sunda-Inseln).

Im antiken griechischen Theater war die Maske ebenso unverzichtbar; sie bedeckte als eine Art Helm den ganzen Kopf. Man unterschied tragische, komische, orchestrische und Satyrmasken. Diese waren nicht individuell, sondern typisch gehalten, d. h. es gab beispielsweise jeweils eine Maske für den Typ „junge Frau“, „alter Mann“, „Priester“ und „Bote“. Da in der Regel nur einer, zwei oder drei Schauspieler auftraten, war der Rollenwechsel durch Austausch der Masken nötig und leicht zu bewerkstelligen.

Heute ist in unserem Kulturkreis die Maske vor allen Dingen im Fasnachtsbrauchtum noch lebendig. Auch hier schlüpfen Menschen in eine genau festgelegte Maske, um im Fasnachtstreiben eine ganz bestimmte Rolle auszufüllen.

Die Maskierung bei Maskenbällen, besonders im Fasching, führt dazu, daß es – losgelöst vom Brauchtum – eine Vielzahl billiger Gesichtsmasken gibt, die in Ausdruck und Ausführung keinen kulturellen oder künstlerischen Anspruch haben.

Die bisher besprochenen Masken wurden auf dem Kopf oder vor dem Gesicht getragen. Der Begriff Maske und sein kultureller und geistiger Inhalt setzen dies allerdings nicht voraus. Es gibt Masken, die reine Ritualobjekte sind und deren Wirkung sich allein aus ihrer Existenz, nicht aus der Benutzbarkeit, ableitet. Dabei bleibt die Form der Maske erhalten, auch wenn ihre Größe nicht mehr durch die des Kopfes vorgegeben ist.

Manche Masken sind so klein, daß sie als Talisman am Hals getragen werden können. Andere sind riesengroß, aus Stein, Metall und Holz; sie zieren z. B. die Eingänge von Häusern, um böse Geister und Dämonen abzuschrecken. Wieder andere sind oder waren aus so empfindlichem Material, z. B. Wachs, daß sich allein daraus eine Benutzung als Gesichtsmaske verbietet.

Hierher gehören auch die Totenmasken, die in vielen Kulturen bereits vor unserer Zeitrechnung verbreitet waren. Teils wurden sie aus einer Gips- oder Kaolinmasse unmittelbar über dem Gesicht abgegossen, teils wurden sie frei modelliert. Niemals aber wurden sie als Maske vor dem Gesicht getragen.

In der bildenden Kunst sind aus vorgeschichtlicher Zeit Tongefäße erhalten, die maskenartig mit Augen versehen sind, um Dämonen abzuwehren. Im Mittelalter wurden steinerne Masken an Konsolen, Kapitälen, Gesimsen der Kirchen und an Taufsteinen angebracht. In der Gotik ist der Maskenkopf oft von einem Blätterkranz umgeben oder er scheint aus ihm zu wachsen (Blattmaske).
In der Kunst spielt die Maske seither immer eine Rolle. Am meisten individualisiert ist sie an der Kathedrale von Reims, wo sie fast zum Porträt wird. Das erwachende Interesse abendländischer Künstler an der Maskenwelt der Primitiven führte im Expressionismus und in der Folgezeit dazu, daß die Maske zu einem Wesenselement der Kunst wurde. Die Maske wurde zum Ausdrucksmittler des Dämonischen (Ensor, Nolde, Picasso).

Und was sollen unsere Masken?

Wir wenden uns nicht der Herstellung von Masken zu, sondern wir dekorieren vorgefertigte Masken. Wir sehen in dem vorgegebenen Masken-Rohling die Möglichkeit, unserer Phantasie und unserer Kreativität einen Spielraum zu geben. Die neutrale, unprofilierte Maske ist eine Herausforderung, die wir gern annehmen.
Es gibt heute im Fachhandel neutrale Gesichtsmasken zu kaufen. Meist sind sie aus Kunststoff oder Porzellan. Diese sind unser Ausgangsmaterial. Wir gehen an diese Masken heran, wie der Maskenbildner vom Theater. Aber wir dürfen frei schaffen. Wir haben keine Vorgaben. Je nach Veranlagung oder Stimmung werden wir der Maske etwas Bizarres, rein Ästhetisches, Dämonisches oder Feenhaftes geben.

Wir wählen eine Gesichtsmaske, die unseren Absichten entgegenkommt. Unsere Ausdrucksmittel sind dann Farben, Federn, Perlen und dergleichen. In beschränktem Maße auch Modelliermassen, um – im wörtlichen Sinn – eine Maske zu profilieren. Da unsere Maske niemals getragen werden soll, können wir uns manche zusätzliche Freiheit erlauben.

Vielleicht findet dieses Hobby heute so viele Freunde, weil wir mutiger sind mit Schminken und Farben als frühere Generationen und weil wir alle Schranken überspringen dürfen, wenn es um diese Masken geht. Einziges Ziel und einzige Richtschnur ist, daß uns das fertige Modell gefallen soll. Wenn wir auf diesem Weg auch Dritten etwas zu sagen haben, um so besser!

Aber nun, gehen Sie frisch ans Werk!

Unser erstes Beispiel zeigt, daß man mit wenig Aufwand und ohne zeichnerisches Talent aus einer schlichten Gesichtsmaske eine ausdrucksstarke, effektvolle Dekoration schaffen kann.
Nach einer Grundierung mit schwarzer Hobbyfarbe wurde das Muster in Gold aufgetragen, ein blütenförmiges Ornament aus Schmucksteinen aufgesetzt und anschließend mit Straußenfedern dekoriert.

Bei dieser mit einem stilisierten Schmetterling versehenen Maske wurden auf die in Gold und Silber grundierten Flächen weiße Spiralornamente aufgemalt. Perlen runden das Ganze wirkungsvoll ab.

Sicher erübrigt es sich, neben das Foto des Spiderman noch eine Vorlagenskizze zu setzen. Die Skizzen sind ja ohnehin nicht direkt sondern nur sinngemäß zu übertragen.

Wie gefällt Ihnen stattdessen der neue Vorschlag? Fühlen Sie sich bei der Realisierung – und vor allem bei den Farben – ganz frei!

Man sollte es nicht für möglich halten: dieser „Spiderman" entstand aus der gleichen Gesichtsmaske, wie sie der Schmetterlingsmaske (S. 7) zugrundeliegt. Vergleichen Sie einmal die Nasen: hier ist sie breit und gedrungen, im anderen Fall schlank wie ein Schmetterlingskörper, zugleich damenhaft elegant. Hier ist der ganze Kopf ins Spinnennetz einbezogen, dort wird der Charakter einer Gesichtslarve betont.

Auch hier ein Vorschlag, den Sie nach Ihrem Geschmack ausarbeiten können.

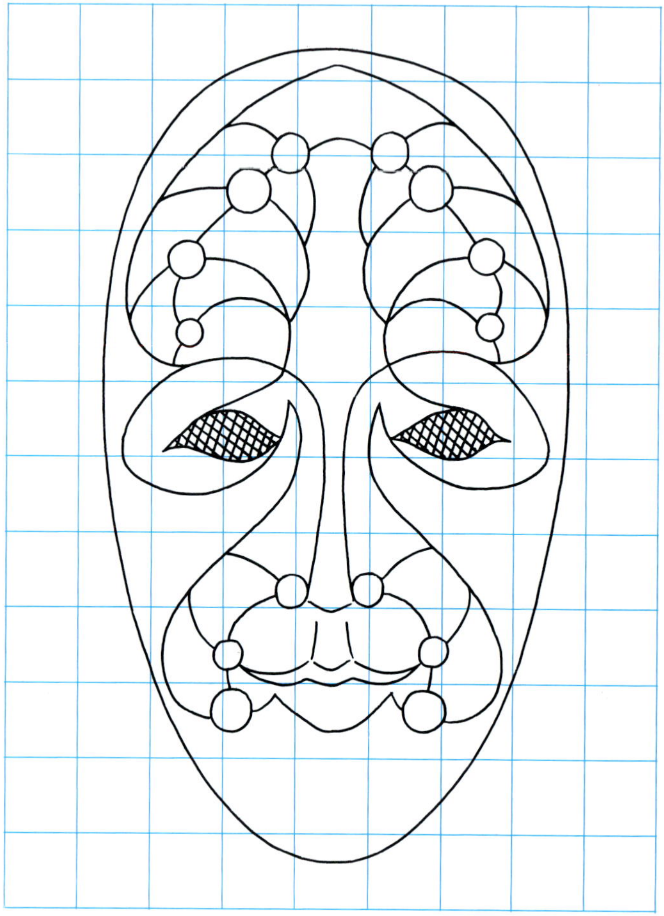

Ausdrucksstarke Gesichtsmaske ohne Bemalung: Die farbliche Beschränkung auf das Silber der Maskengrundierung und das Violett der Federn trägt dazu bei. Die Larve selbst ist aus Federn gestaltet. Aus ihr schießen – wieder aus Federn – „Blüten". Man kann sich vorstellen, wie diese Maske im Mittelpunkt eines Maskenballes steht.

Die Umrahmung der Maske mit einer Perlenkette ist nötig, um das Silber des Gesichts nicht blaß oder aschfahl erscheinen zu lassen.

Oben: Wieder werden Federn – auf ganz andere Weise – zum Blickfang. Halbseitig ist Glimmer aufgetragen. Die andere Gesichtshälfte nimmt die verschiedenen Schmuckelemente auf.

Rechts: Die Perlen sind flächig, anstelle von Farben, eingesetzt. Attraktiv wird die farblich zurückhaltende Maske durch das asymmetrisch drapierte Seidentuch, das auf der einen Seite in einer Goldquaste endet.

Es geht uns nicht darum, Gesichtsmasken zu bemalen: wir möchten mit ihnen Dekorationen schaffen, wie sie unserem Verständnis von Wohnkultur entsprechen.

Darum ist es natürlich sehr wichtig, an den Platz zu denken, den unsere Maske einnehmen und zieren soll.

Nicht immer bietet sich eine Wand dafür an. Um vieles freier wirkt eine Maske und kommt besser zur Geltung, wenn wir sie in den Raum stellen.
Von einer solchen Plazierung gehen wir bei den folgenden Modellen aus. Sie sind durchweg auf

Schaumstoffbüsten, ehemaligen Schaufensterdekorationen, arrangiert.

So lassen sich Maske und Büste nach Belieben mit passenden Tüchern drapieren und mit Perlenketten und anderen Accessoires herausputzen.

Fast dämonisch wirkt diese rot-schwarz-goldene Maske.
Bitte achten Sie auch auf scheinbare Nebensächlichkeiten: Sie brauchen hier selbstverständlich eine rote Büste. Das Dämonische wirkt verstärkt durch das tiefliegende Rot in den Augenhöhlen und durch den Schatten, in dem dieses Rot zum Teil liegt.

Eine interessante blumig-ornamentale Maske.

Diese Gestaltung ist sehr kreativ und frech. Gewiß erkennt man einen Vogel, doch beachte man die Hinführung zum Mund, der bei den sonst so zarten Tonabstufungen den dunkelsten Punkt markiert.
Schlicht fällt das Kopftuch, dem auf der anderen Seite als Pendant die roten Perlenschnüre gleichsam als Haar gegenüberstehen.
Man sieht es auf den ersten Blick, daß diese Maske so nur auf einer Büste frei im Raum zur Geltung kommen kann.

Nun folgen einige Wandmasken. Sie sind auf Karton- oder Holzplatten angebracht, die in der Form dem Gesicht angeglichen sind. Die Kaschierung mit dunklem Samt oder Filz kommt der Präsentation zugute.
Wie vorhin schon gesagt, sind bei Wandmasken die Möglichkeiten des Drapierens beschränkt. So bleibt das Maskenhafte stärker erhalten. Es bietet sich an, statt Stofftüchern und Haaren Perlen anzubringen, die sich teils voll der Kopfform anpassen, teils dekorativ herabhängen.
Diese Maske mit dem „kostbaren" Kopfschmuck entstand ohne Vorzeichnung – aus Freude am Experimentieren.

Bewußt einfach ist hier die Bemalung. Die Perlenreihen wurden mit UHU Alleskleber aufgeklebt, die Schmucksteine in ein Knetwachsbett gedrückt.
Gekrönt wird das Ganze von einer schwarzen Straußenfeder, die über den vorgegebenen Veloursшhintergrund hinausragen darf, während die goldenen Perlen grundsätzlich nicht aus der dunklen Fläche heraustreten sollten.
Beachten Sie, daß hier eine andere Rohmaske verwendet wurde; sie hat weichere Züge und ist stärker ausgeformt, d. h. die Wülste der Augenbrauen sind vorgegeben und Augenlider verkleinern die Augenhöhlen.

Auch bei dieser Maske spielen die Perlen eine wichtige Rolle; Zum Teil sind sie unmittelbar auf die Maske aufgeklebt, andere sind aufgefädelt und hängen – mit einem Stückchen Knetwachs an der Maskeninnenseite fixiert – herunter.
Selbstverständlich mußte die Maske um der Ausgewogenheit des Dekorationsstückes willen weit oben plaziert werden.

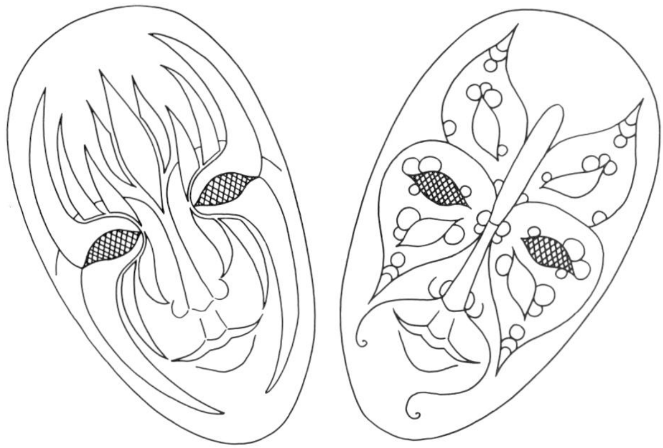

Masken aus Porzellan

Während die bisher behandelten Kunststoffmasken vom Material und von der Form her tatsächlich vor dem Gesicht getragen werden könnten, ist bei Porzellanmasken hieran nicht zu denken.
So wirken Porzellanmasken nicht nur wegen des Materials, sondern meist auch wegen der schlankeren Gesichtsform viel edler und wertvoller.
Am besten skizzieren Sie Ihre Ideen zuerst auf Papier und übertragen das Muster mit einem Folienstift, der sich problemlos mit Glasreiniger wieder entfernen läßt, auf die Maske.
Für die Bemalung können Sie entweder spezielle Porzellanmal- oder aber Kunstharzfarben nehmen, wie sie im Modellbau Verwendung finden. Sie sind unkomplizierter zu verarbeiten und genügen für unsere Zwecke vollkommen.

Bei der Skizze bleibt die Symmetrie oberhalb der Augen weitgehend erhalten. Im unteren Teil wird das anders. Originell, wie die Lippen in die Gestaltung einbezogen werden.

Spannungsvoll wirkt es, wenn Sie den Schwerpunkt der Bemalung – wie hier – auf eine Seite des Gesichts verlagern.

Und noch eine Blumenversion, deren Ausführung vieles offen läßt.

Eine weitere Variation des Blüten- und Blättermotivs mit ganz anderer Farbgebung.

Noch einmal eine schöne, blumige Lösung. Wieder sind die Lippen von Blättern umspielt.

Die originell gezeichneten Paradiesvögel nehmen das ganze Gesicht für sich in Anspruch. Selbst die Augenhöhlen sind in das Motiv einbezogen.

Die Skizze zeigt einen radschlagenden Pfau, auf dem Kopf stehend.

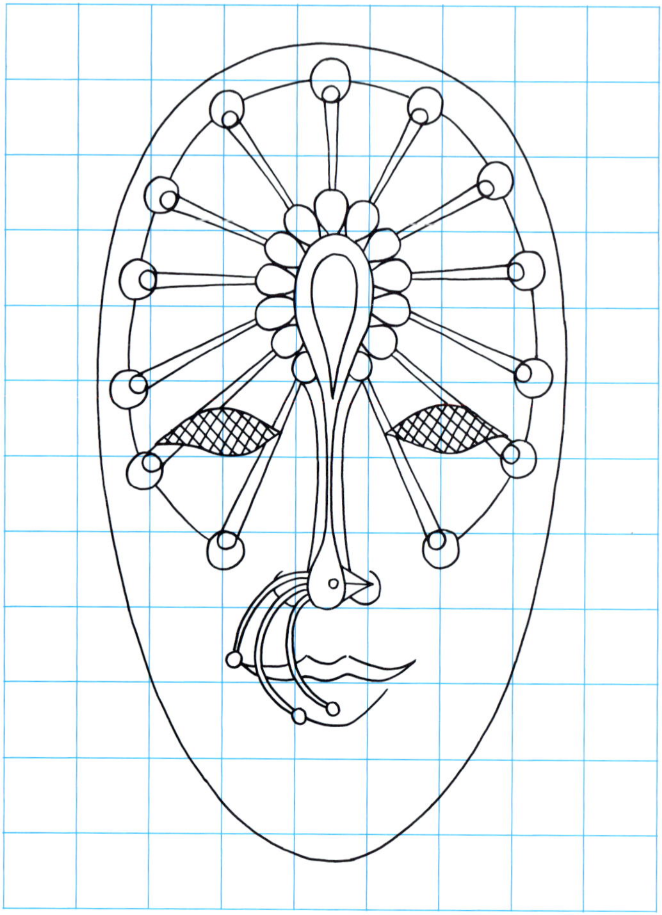

Wieder ist das rechte Maskenauge Bestandteil des Motivs. Die Präsentation mit echten Pfauenfedern bietet sich geradezu an.

rechts: „Eule“
links: „Tiger“

Zwei Masken mit dem phantastischen Thema „Verwandlung vom Menschen zum Tier“, das heißt aber auch: Beispiele für gelungene Umsetzungen von Tiergesichtern.

Besonders kostbar wirkt diese – hauptsächlich in Gold gehaltene – Maske, effektvoll mit Straßsteinen und Perlen verziert und mit einer goldfarbenen Kopfbedeckung aus Stoff versehen.

►

Die sparsame Bemalung unterstreicht dezent das Muster aus mit Knetwachs applizierten Schmucksteinen.

Der fächerförmige Kopfschmuck besteht aus dicker Pappe, die mit Knetwachs überzogen wurde.

Zwei asymmetrisch gehängte Perlenschüre und weiße Federn geben dem Ganzen den letzten Pfiff.

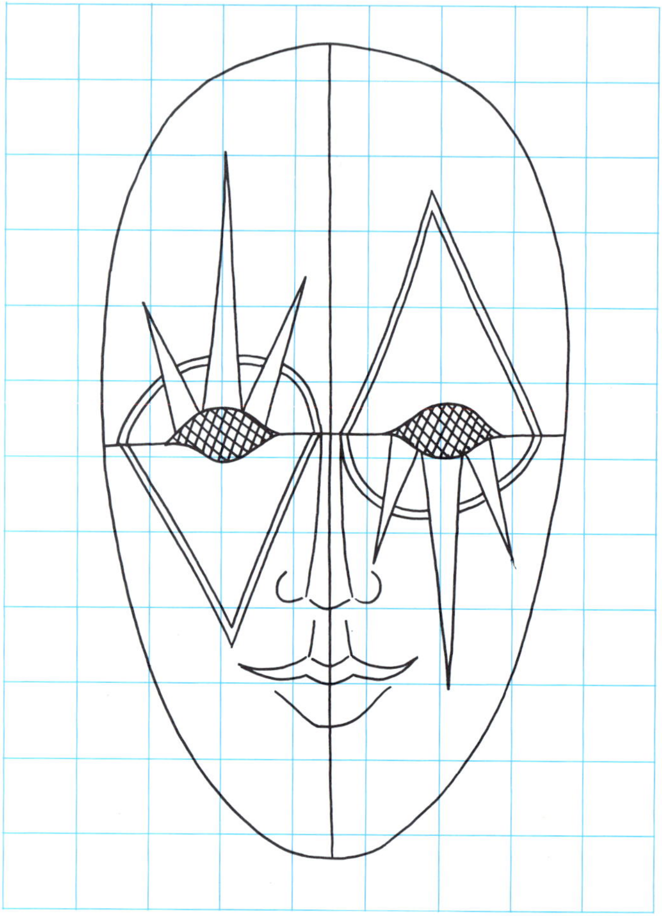

Die plakative Schwarz-Weiß-Bemalung hebt diese Porzellanmaske deutlich von den bisher gezeigten Beispielen ab. Die spiegelgleiche farbliche Umkehrung der beiden Gesichtshälften wird bis in die Verknotungen der Schnüre konsequent durchgehalten.

Wie wäre es einmal mit einer filigranen Umsetzung dieses Vorschlags?

Eine Porzellanmaske anderer Art: Hier sind die natürlichen Proportionen des Gesichts eingehalten. Wenige grafische Elemente machen den Pierrot aus. Interessant auch die Verwendung einer Gold-Bordüre, mit der das harte Aufeinandertreffen von Schwarz und Weiß gemildert wird.

Am Beispiel eines ganz anders gearteten Keramik-Rohlings sei aufgezeigt, daß selbst bei einem scheinbar festgelegten Gesicht ein sehr großer Spielraum zur Kreativität bleibt.
Das realistische, schöne Gesicht ist eingerahmt von einem Tuch, unter dem einige Haarsträhnen hervorschauen. – Was läßt sich hieraus machen?
Vier Beispiele zeigen eine erstaunliche Bandbreite:

Eine fast magische Ausstrahlung hat diese „Königin der Nacht“. Farblich beschränkte sich der Künstler ganz auf Blau und Silber, wobei das blaue Gesicht vollständig eingerahmt ist vom Silber des Tuches und der Haare. Nur sparsam sind silberne Elemente ins Blau gesetzt, noch spärlicher blaue Sterne in die silberne Umrahmung.

zu Seite 41:

Matte und glänzende Farbflächen kombiniert – ein interessanter Effekt.
Wie mutig man sein kann und darf, zeigt ein Detail: Auf das im Rohling fast geschlossene Auge wurde ein weit geöffnetes gesetzt. Insgesamt eine sehr kreative Lösung!

zu Seite 42:

Eine Auflösung der Grundform wurde durch das „Mosaik" aus unterschiedlichen Farbquadraten erreicht. Der Farbverlauf des Schleiers nimmt die Farben des Gesichts auf.

Zu Seite 43:

Eine besonders originelle Idee. Bei unglasiertem (Biskuit-)Porzellan können Sie – wie hier – auch Hobbyfarben verwenden und anschließend hochglänzend lackieren.

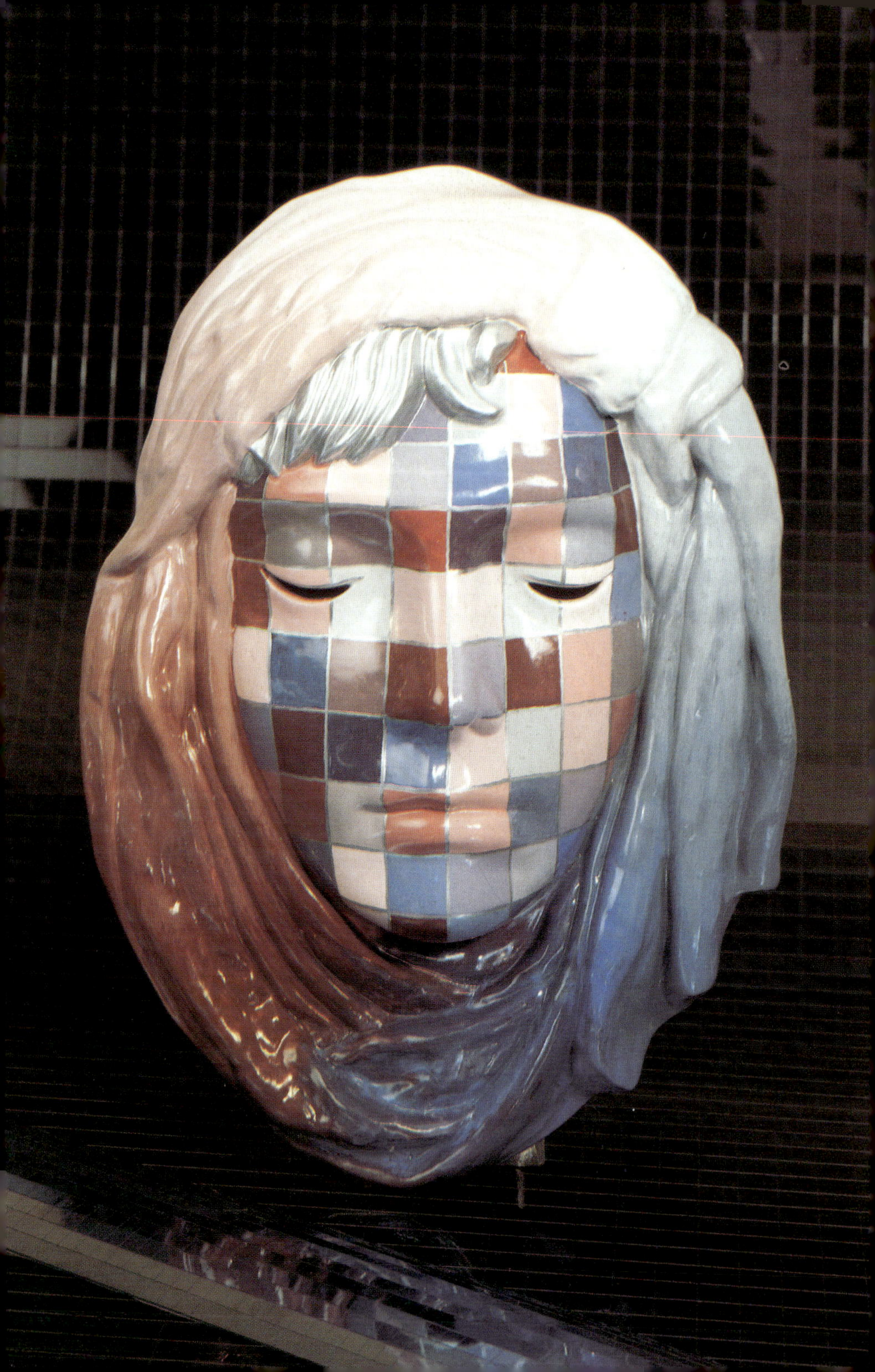

Masken selber gießen

Bisher haben wir ausschließlich Fertigmasken, wie sie als Rohlinge angeboten werden, dekoriert und ausgeschmückt. Wer Freude daran hat, wird sicher nach Wegen suchen, sich auch die Rohmasken selbst zu schaffen. Der Fachhandel führt Gießformen in verschiedenen Versionen und Größen und natürlich auch Gießmassen.

Bitte halten Sie sich beim Ausgießen und Verarbeiten an die immer beigefügten Gebrauchsanweisungen. Hier kann nur an einem Beispiel erläutert werden, welche Arbeitsgänge im Prinzip anstehen.

Wir verwenden:
eine zweiteilige Gießform,
hochwertige selbsthärtende Gießmasse,
Wasser,
als Hilfsmittel einen flachen Karton und Sand.

Sorgen Sie für eine ruhige Lagerung der Form während des Gieß- und Härtevorgangs. Dies kann z. B. dadurch geschehen, daß Sie die Gießform in einen mit Sand gefüllten Karton drücken.

Damit die Innenform während des Härteprozesses nicht von der Gießmasse nach oben gedrückt werden kann, sollten Sie schon jetzt ein Gegengewicht erstellen: Gießen Sie die Innenform (also die Form mit den groben Gesichtszügen) zur Hälfte voll mit der Gießmasse. Wenn diese Masse gehärtet ist, wird sie den Druck weiterer Gewichte gleichmäßig auf die Maskenform verteilen.

Das Gießen
Mischen Sie die Gießmasse genau nach Gebrauchsanweisung gut durch. Lösen Sie hierbei alle Klümpchen auf, doch vermeiden Sie Luftblasen.
Gießen Sie nun die Masse in die im Sandbett ruhende Außenform (das ist die mit den stärker ausgeprägten Gesichtskonturen).

Durch mehrmaliges leichtes Aufklopfen der Form auf die Arbeitsfläche gelangen etwa vorhandene Luftblasen an die Oberfläche. Achten Sie besonders darauf, daß an den tieferen Stellen wie Nase und Mund keine Luftbläschen bleiben.

Setzen Sie die Innenform vorsichtig so ein, daß sich die Gießmasse in der Form bis an die Oberkante hochdrückt, ohne Blasen zu bilden. Drücken Sie die beiden Formen gut ineinander; der Rand muß eng schließen. Überschüssige Masse kann bei manchen Modellen in Überlaufrinnen, andernfalls direkt nach außen, entweichen.

Die Innenform muß unbedingt beschwert werden, bis die Masse durchgehärtet ist. Während dieser Zeit muß die Masse vollständig ruhen.

Nach etwa einer Stunde kann die Maske aus der Form genommen werden. Wenn sie vorsichtig vorgehen und Knicke in der Folie vermeiden, bleibt die Gießform für unzählige Abgüsse gebrauchsfähig.

Sofort nach dem Entformen sollten überstehende Teile mit einem Messer entfernt und alle Ränder mit feinem Sandpapier geglättet werden. Stoßen Sie jetzt auch die Löcher für die Aufhängekordel und die Augenhöhlen mit einem spitzen Gegenstand durch.

So ist die Maske fertig zum Bemalen und Dekorieren.

Bei der Beliebtheit der Masken konnte es nicht ausbleiben, daß das Motiv auch in Miniformen wiederkehrt. So kann man Masken in Broschengrößen kaufen und verzieren; das Motiv wird für Modeschmuck verwendet, und es liegt an Ihnen, was Sie mit eigener Kreativität aus dem Thema Masken noch alles herausholen.